AF278553

GARDE NATIONALE DE PARIS.

CINQUIÈME LÉGION.

FÊTE

DE

LA SAINT-LOUIS.

PARIS,

DE L'IMPRIMERIE D'ÉVERAT, RUE DU CADRAN, N° 16.

AOÛT 1822.

GARDE NATIONALE DE PARIS.

CINQUIÈME LÉGION.

FÊTE DE LA St-LOUIS.

22 *Août* 1822.

DÉSIRANT offrir une nouvelle preuve de son amour pour l'auguste Monarque que le Ciel a rendu à la France, la 5e Légion a devancé l'époque de la Saint-Louis, pour se réunir en famille, et porter la santé du Roi.

Une grande partie des Officiers, plusieurs Sous-Officiers, Grenadiers et Chasseurs composaient cette réunion toute française, présidée par M. le Vicomte de LA ROCHEFOUCAULD, Colonel de la Légion, Aide-de-Camp de S. A. R. Monseigneur le Comte D'ARTOIS.

M. le Duc de DOUDEAUVILLE, Pair de France, Ministre d'État ; M. HUTTEAU – D'ORIGNY, Maire du 5e. Arrondissement ; MM. LEROUX et LABAYE, ses Adjoints, avaient été invités à cette Fête de famille : leur présence ajoutait à la touchante union qui, dans ce jour, rapprochait tous les enfans d'un même père.

Avant de procéder au banquet, M. le Vicomte de
La Rochefoucauld, inspiré par son cœur et par un
dévouement qui ne s'est jamais démenti, s'est levé, et
s'adressant, avec cette éloquence pleine de franchise et
d'enthousiasme qui le caractérisent, aux nombreux
assistans qui l'entouraient ;

Messieurs, leur a-t-il dit :

« C'est au sein de ma famille qu'il m'est toujours précieux
» de célébrer avec vous la fête du plus excellent des pères.
» C'est au milieu de sujets fidèles et de soldats dévoués, que l'on
» boit de tout cœur, à la santé du meilleur et du plus grand
» des Rois. Que de bienfaits, Messieurs, ne devons-nous pas
» à ses lumières, comme à son amour pour ses peuples ! Deux
» fois ce souverain, vraiment français, délivra le sol de la
» patrie du séjour des étrangers; et la confiance inspirée par la
» légitimité vint adoucir les conditions imposées, pour ainsi
» dire, à l'usurpation. Louis XVIII nous donna ces institu-
» tions puisées dans une haute sagesse, qui ne laissant aucun
» regret, ne doivent aussi inspirer aucune crainte : son inépui-
» sable bonté ferma toutes nos plaies; il ne repoussa personne;
» ses bras s'ouvrirent à tous. La gloire acquise par les armes,
» s'arrache aussi avec les armes, et un torrent de pleurs nous
» sépare trop souvent du théâtre de nos exploits. La gloire
» due à une paix durable, laisse après elle des résultats ineffa-
» çables, que la prospérité des états confirme chaque jour,
» et qu'une reconnaissance éternelle grave à jamais dans le
» cœur des peuples.

» Nous ne verrons plus parmi nous, Messieurs, une opinion
» folle dans ses principes, téméraire dans ses expressions,
» coupable surtout dans ses actions, chercher à entraver la
» marche d'un gouvernement tout paternel. Un coup d'œil

» jeté sur nos voisins , nous apprendra bientôt que nous n'a-
» vons rien à regretter , et qu'ils ont tout à nous envier ; que
» l'accord le plus parfait, Messieurs , ne nous laisse plus rien à
» redouter de leurs efforts : ne rendons pas inutile la trop
» cruelle leçon du passé , et en voyant le bonheur dont nous
» jouissons, songeons que nous le devons au règne de nos
» Rois légitimes ; tendons la main , Messieurs , à notre frère
» égaré, que son intérêt et un repentir sincère ramènent aux
» pieds de notre Roi. Faisons autour du Monarque un faisceau
» de nos cœurs , et autour de son trône, Messieurs, un faisceau
» impénétrable de nos armes.

» Qu'il me soit permis, en finissant, d'adresser l'expression
» de notre reconnaissance à ce digne magistrat, dont la ten-
» dre sollicitude pour le 5e Arrondissement ne s'est jamais
» ralentie, et qui, en voulant bien , ainsi que MM. ses Ad-
» joints, assister à ce repas , a voulu combler tous nos vœux.

» Vous m'en voudriez, Messieurs, de ne point adresser en votre
» nom, des remerciemens sincères à ce digne dépositaire de
» la confiance du Monarque. Il a pensé, qu'en se dérobant
» un instant à ses utiles travaux, il ne verrait nulle part, cé-
» lébrer avec plus d'élan la fête de Louis-le-Désiré. »

Des bravos unanimes, mille cris de *vive le Roi ! vivent
les Bourbons !* ont prouvé au Colonel que les Officiers et
Gardes nationaux de la 5e Légion s'honoraient de par-
tager les sentimens de leur illustre Chef.

Des toasts nombreux ont été portés durant le banquet. La première santé proposée par M le Duc de
Doudeauville, a été celle du Roi, de ce Prince éclairé
qui a donné à son royaume des institutions enviées par
l'Europe, qui doivent garantir la paix et la prospérité
de la France. M. le Lieutenant-Colonel Touchard a

porté la santé de la FAMILLE ROYALE, de cette réunion de hautes vertus qui commandent le respect et l'admiration. M. le Maire a proposé celles des Gardes Nationales de France, et de M. le Vicomte de LA ROCHEFOUCAULD, Colonel de la 5ᵉ Légion.

A l'instant, M. le Chevalier de ROUGEMONT s'est levé, et a adressé au Colonel les Couplets suivans, qui ont été répétés au milieu de l'allégresse la plus vive, comme pour récompenser cet Officier d'avoir lu dans tous les cœurs, et de s'être rendu l'interprète des sentimens d'amour et de reconnaissance que la Légion entière porte à son digne Commandant.

A

M. LE VICOMTE DE LA ROCHEFOUCAULD.

AIR : De Julie.

MES chers amis, remplissez votre verre
Pour la santé de notre Colonel !
Que Dieu protége une santé si chère !
Comme son nom, qu'il le rende immortel.
   Soutien du trône légitime
   SOSTHÈNE a, selon son désir,
   De son devoir *fait son plaisir*
   Et de l'honneur fait *sa maxime.*

Ami des lois et de la monarchie,
J'ai vu ses pleurs couler sur nos excès,
Avec le Prince, il confond la patrie :
Et nul de nous n'a le cœur plus français
   Des partis qui blessaient la France,
   Je l'ai vu déployant l'ardeur,
   Offrir son pardon à l'erreur
   Et son secours à l'innocence.

D'un jeune fils le ciel l'a rendu père ;
Pour les BOURBONS, c'est un ami de plus ;
Car, j'en suis sûr, aux vertus de sa mère,
De son aïeul il joindra les vertus :
   Puisqu'un heureux anniversaire
   Dans ce lieu nous a réunis,
   Buvons à la santé du fils :
   C'est boire au bonheur de son père !

M. DESPRÉS, dont le zèle ne reste jamais en arrière, et dont l'esprit vraiment français se montre dans toutes les circonstances où il s'agit de célébrer les Bourbons, a payé son tribut au ROI, par les Couplets suivans :

AIR : *Du Vaudeville de Turenne.*

PROFITONS de la circonstance
Qui charme tous les cœurs français ;
Fêtons le Roi, fêtons la France,
Et ne les séparons jamais.
Un divorce serait contraire
A nos intérêts les plus doux :
LOUIS est notre père à tous
Comme la France est notre mère.

Livrée à l'affreuse anarchie,
Sans religion et sans lois,
Hélas ! notre chère patrie
Fut long-temps veuve de ses Rois.
LOUIS revient, un sort prospère
Rend tous ses rivaux impuissants :
Montrons-lui ses nombreux enfants
Réunis pour fêter un père.

Si dans ces lieux la gaîté brille,
C'est qu'on n'y vient pas conspirer,
Et qu'à la fête de famille
Aucun traître ne peut entrer.

Nul de nous ne peut voir un frère
Dans un enfant dénaturé ,
Qui , par la discorde égaré ,
Outrage et son père et sa mère.

Une Ronde, qui se distinguait par la franchise et l'énergie des sentimens royalistes , a été chantée par M. CAPELLE , Sergent de Grenadiers, et accueillie avec transport par tous les assistans.

AIR : *Du Pas des trois Cousines ,*

Ou : *Quand des ans la fleur printannière.*

FRANÇAIS , redoublons d'espérance ;
Que l'union soit notre loi.
Chantons le soutien de la France :
Vive le Roi ! vive le Roi !

En ce jour dès long-temps prospère ,
Abjurant tous ressentimens ,
Prouvons que la fête d'un père
Est celle aussi de ses enfans.

Français , etc.

De Louis l'auguste puissance
Convient seule au peuple Français ;
Car, après trente ans de souffrance ,
Elle seule a donné la paix.

Français , etc.

Du bon Henri, cher à la France,
Défendons , chérissons les fils ;
Et le bonheur et l'espérance
Renaîtront à l'ombre des Lis.

Français , etc.

Défendons la couleur sans tache,
Des Francais le seul étendard ;
D'Henri tel était le panache,
Et la ceinture de Bayard.

Français, etc.

Vous, qui d'une erreur passagère
Écoutez les discours pervers,
Fétez avec nous votre père ;
Ses bras encor vous sont ouverts.

Français, etc.

Si la guerre, dans sa furie,
Nous rappelle encor aux combats,
Pour l'honneur de notre patrie,
Répétons jusques au trépas :

Français, redoublons d'espérance,
Que l'union soit notre loi.
Chantons le soutien de la France :
Vive le Roi ! vive le Roi !

Le Capitaine Leloutre a ensuite entonné la Chanson que nous nous faisons un plaisir de transcrire.

Air : *Fleuve du Tage.*

Vive la France !
Vivent les bonnes gens !
Pleins d'espérance,
Attendons tout du temps.
Faut-il que l'on s'irrite
Pour un bien qu'on attend ?
Le mal se fait si vite,
Le bien si lentement !

Vive la France, etc.

Rien ne nous séduit comme
Un avenir flatteur ;
L'espérance, pour l'homme ,
Est déjà le bonheur.

    Vive la France , etc,

Quand on voit près du trône
L'enfant qui doit porter
Le sceptre et la couronne,
C'est le cas de chanter :

    Vive la France , etc.

Quand on aime la Charte ,
L'honneur, la bonne foi,
Jamais l'on ne s'écarte
De ce qu'on doit au Roi.

    Vive la France , etc.

Souvent dans son ménage
Le meilleur des époux ,
Pour conjurer l'orage ,
Doit chanter comme nous :

    Vive la France , etc.

Dans ce banquet aimable ,
Puisqu'ici l'an prochain
Doit nous revoir à table ,
Répétons mon refrain :

    Vive la France ?
Vivent les bonnes gens !
Pleins d'espérance ,
Attendons tout du temps.

L'honneur a inspiré à M. de WOLBOCK des Couplets qu'il suffit de citer pour en faire l'éloge.

Air : *C'est l'amour, l'amour, l'amour.*

C'EST l'honneur , l'honneur , l'honneur ,
Qui rallie
A la patrie ;
Et la fureur
Du ligueur
N'ébranle point l'honneur.

A leur roi, qui rendit fidèles
Les Duguesclins et les Bayards ?
Devant leurs armes immortelles
Qui fit écrouler les remparts ?
Qui grave dans l'histoire
Les noms de nos héros ?
Au char de la Victoire
Qui suspend nos drapeaux ?

C'est l'honneur, etc.

Grand Roi, tant aimé de la France !
Henri, qui t'inspirait ces mots,
Lorsqu'aux champs d'Ivry ta vaillance
Comme toi faisait des héros ?
Pourquoi ton blanc panache
Est-il cher à jamais,
Et conservé sans tache
Par les soldats français ?

C'est l'honneur, etc.

Qui fait qu'un soldat est fidèle
Au serment qu'il prête à son Roi,
Qu'il hait et combat le rebelle
Comme un lâche, un traître à sa foi

Qui fait que l'on abhorre
Brutus, Catilina ;
Que Rome observe encore
Au milieu du sénat ?

C'est l'honneur, etc.

Pourquoi, dans l'immortel bocage,
Le Vendéen s'est-il levé
Contre un hydre qui, dans sa rage,
Nous criait : Mort ou liberté !
    Qui fait que tant il aime
    Ce vieux cri des héros :
    Vive le Roi ! quand même...
    Gravé sur leurs tombeaux ?

C'est l'honneur, etc.

Qui peut être encore la cause
Qu'aujourd'hui tous les bons Français
Ne demandent rien autre chose
Que le Roi, nos lois et la paix ?
    Que surtout je désire
    Qu'on s'écrie avec moi :
    Malheur à qui conspire !
    Vive toujours le Roi !

        C'est l'honneur, l'honneur, l'honneur,
            Qui rallie
            A la patrie ;
            Et la fureur
            Du ligueur
        N'ébranle point l'honneur.

M. Capelle a demandé la permission de porter une
santé ; et à cet effet il a entonné les Couplets suivans :

LA SANTÉ DES LIBÉRAUX.

Par Louis-Charles-Antoine-Dieudonné Va-de-bon-Coeur,
Sapeur de la Garde Royale.

Air : *Du Vaudeville des Scythes,*

Ou : *Mon pays avant tout.*

(CHANSON DE M. DÉRANGÉ.)

Un peu d'silence et remplissons nos verres ;
Pardon , excus' d'ainsi vous arrêter ;
Mais avant d'nous lever d'table , mes frères ,
Aux libéraux j'ons un tost à porter. *(bis)*
J'sais ben q'in n'sont pas trop nos camarades ,
Et qu'ils n'aim' pas la légitimité ,
Mais vous savez aussi qu'ils sont malades ,
Et que dans tout faut de l'humanité :
   Mes amis , buvons à leur santé ! *(bis)*

Gn'ya pas long-temps qu'ils firent un beau songe
Chez les Vendéens , dévoués au Roi ;
Ils comptaient prendre l'Poitou, la Saintonge,
Par des discours qu'on croyait dign' de foi ; *(bis)*
Mais c'peuple-là , qui d'êtr' loyal se pique ,
Dit : *Perdons tout plutôt qu'la royauté !*
Depuis ce jour , plusieurs ont la colique ,
Ça bien r'culé l'règn' de la liberté ;
   Mes amis , buvons à leur santé ! *(bis)*

Ne pouvant plus se remettre en campagne
Dans ce pays de la fidélité ,
Ils ont bâti des châteaux en Espagne
Pour y placer leur drapeau tant vanté ; *(bis)*
Mais l's Espagnols qui sav' ce qu'en vaut l'aune ,
En échang' des trois couleurs , d'leur côté ,
N'leur ont envoyé que la fièvre jaune
Et des ordonnanc' de la Faculté.
   Mes amis buvons à leur santé ! *(bis)*

AUX LIBÉRAUX.

Vous qui voulez que l'on rende à la France
Ses jours de paix ou ses jours triomphans,
Si franchement telle est votre espérance,
Ainsi que nous, montrez-vous ses enfans ; *(bis)*
Rallions-nous autour du trône antique
Garant de gloire et de tranquillité.
Vive le Roi ! que ce cri soit unique ;
Sans les BOURBONS, point de prospérité :
Mes amis buvons à leur santé ! *(bis)*

VA-DE-BON-COEUR,
Sapeur de la Garde Royale.

M. LALLEMAND, descendant la garde des Tuileries,
a improvisé les couplets suivans :

AIR : *Le premier pas.*

Aux cœurs français la franchise réside ;
Fêtons LOUIS, le père des Français :
A ses conseils la sagesse préside ;
Et son génie éclaire, enflamme et guide
Les cœurs Français *(bis.)*

Rappelons-nous ces enfans de la Gloire,
Les Duguesclins, les Condés, les Bayards :
Henri-le-Grand, célébrons ta mémoire !
Ta noble Epée a conquis la Victoire,
Aux Champs de Mars. *(bis.)*

(*A la répétition :*)

De nos héros honorons la mémoire ;
Leur noble Epée a conquis la Victoire,
Aux Champs de Mars, *(bis.)*

Pour les Français l'honneur et le courage
Dans le péril enfantent les succès :
Que l'Olivier nous plaise, nous ombrage !
Que nos Lauriers garantissent d'orage
      Le sol français !

Et. J. B. G. LALLEMAND;
1er Lieutenant, 3e Cie, 3e. Bon, 5e Légion.

Enfin M. CAPELLE, dont la verve royaliste semble intarissable, a chanté sa charmante Chanson de *la Berceuse.*

AIR : *Depuis long-temps, gentille Annette (du Chaperon rouge.)*

DANS ce berceau de l'innocence
Repose un fils, un fils de France ;
Et j'aperçois déjà ses yeux
Fuir l'attrait qui règne en ces lieux.
Morphée, exauçant ma prière,
Vient d'appesantir sa paupière.

    Fils de Henri,
    Fils de Berri,
En paix, en paix sommeille,
Sur toi le Français veille ;
Un jour tu sauras comme moi
    Pourquoi.

Enfant chéri, trop jeune encore,
Dans ce berceau ton cœur ignore
Que, bien avant de naître, hélas !
Tu fus menacé du trépas ;
Que, pour t'offrir à la patrie,
CAROLINE subit la vie....

    Fils de Henri, etc.

Si ton illustre et bonne mère,
Pour soulager sa peine amère,
Là, sur ton front, vient déposer
En soupirant, un doux baiser ;
Et si de ses yeux pleins de charmes,
S'échappent sur toi quelques larmes ;

Fils de Henri, etc.

Seule avec toi quand je me trouve,
Je réfléchis, mon âme éprouve
Certain émoi rempli d'appas....
Pauvre petit, tu ne sais pas
Qu'un lis renversé par l'orage,
Par toi renaîtra d'âge en âge....

Fils de Henri, etc.

Mais l'horizon se décolore :
Dors, cher enfant, jusqu'à l'aurore ;
Et, si ton cœur et ta raison
Mûrissent avant leur saison ;
Dans un songe heureux, si la France
Te parle d'oubli, de clémence ;

Fils de Henri,
Fils de Berri,
En paix, en paix sommeille :
Sur toi le Français veille :
Un jour tu sauras comme moi
Pourquoi.

On ne saurait se faire une idée de l'impression produite par ces charmans couplets ; ils ont été répétés aux cris de *vive le Roi ! vive le Duc de Bordeaux !* et le nom de leur auteur a été proclamé au milieu des applaudissemens universels.